恐れるな

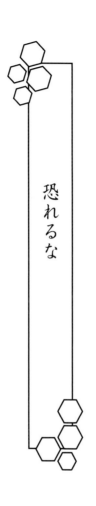

Originally published in the USA by

Destiny Image a division of Nori Media Group

Shippensburg, PA

Under the title

Fear Not! A Divine Restraining Order Against the Spirit of Fear

# 目次

# まえがき

**いつでも祈るべきであり、失望してはならないことを教えるために、イエスは彼らにたとえを話された。**（ルカ一八・1）

私達は間違いなく、終わりの時代と呼ばれている最後の時期にいます。産みの苦しみの初めである、終わりの時代の一つの特徴として、恐怖によって動けなくなり、敗北宣言一歩手前の人々が大量に増えてくるのです。イエス・キリストは特にこの時代の人々に向けて、いつでも祈るべきであり、失望してはならないと語られたのではないでしょうか。

COVID-19のようなウィルスの感染爆発によって、何千もの人々が亡くなり、経済が崩壊するような状況に、あらゆる国家が追い込まれています。そしてこのような状況は、我々の精神に平安をもたらすわけもなく、人々の恐れは増すばかりです。

更に注意しなければならないのは、メシアの体の一部であるはずの方々の多くが、世の人々と同様に恐れに囚《とら》われていることです。恐怖の恐ろしさというのは、すでに我々の内に存在している恐怖を倍増させるところにあります。ほとんどの場合、「恐怖そのもの」が最も恐ろしいものなのです。数年後に、コロナウィルスの猛威《もうい》を振り返ったとき、COVID-19と呼ばれているこのウィルスそのものよりも、我々の間に蔓延《まんえん》した恐怖のほうがずっと恐ろしいものだったことがわかる日がくるでしょう。私は確信を持って言うことができます。

そのため、聖書には三六六回も、神によって「恐れるな」という言葉が語られています。神様は、御自身の民に恐れを持って生きてほしくないのです。箴言の著者は、「邪悪な者たちは、追いかけるものが存在しないのに逃げ出す」と語っています。恐れに対する、的確な描写ではないでしょうか。反対に、正しい者は獅子のように大胆に過ごします。自然界でライオンを実際に見たことがある人は知っています。ライオンが何も恐れないということを。自分たちが住まうジャングルと、そこに住まうすべての生き物が、まるで自分達の支配下にあるかのように、堂々とゆっくりと動きまわります。神様は私達にもそのようなイメージを持って生きてほしいのです。私達は神の子なのですから、恐れるものなど存在しないはずなのです。

この本を読んでくだされば、サタンがいかに「恐怖」を使って、天の法廷で私達を縛り付けようとしているのかを理解することができます。ほとんどすべての束縛や罠を、サタンは恐れの霊を起点として仕掛けてくるのです。恐れには人を麻痺《まひ》させ、動けなくする力があります。ドッキリで人が亡くなってしまう事故が稀《まれ》に起きてしまうのはこのためです。ただのイタズラであったはずのユーモラスな仕掛けが、最悪の事態を引き起こします。それも、仕掛けられた側が、完全に真《ま》に受けてしまったからです。

言うまでもなく、恐怖には精神を汚染する力があり、とても強力に人を縛り付けることができ、それによって二度と元に戻ることができない状況にまで追い込まれるのです。ここには、恐れというものから解き放たれた人生を歩むための、聖書的な規範《きはん》が書かれています。恐怖に縛られて苦しんでいる人々や友人に、この本を共に分かち合うことを、私は真摯《しんし》に推奨します。

Yours for His Kingdom,

Dr. Francis Myles

Author, Issuing Divine Restraining Orders

from the Courts of Heaven

FrancisMyles.com

# 一章　恐れてはならない

**恐れるな。わたしはあなたとともにいる。たじろぐな。わたしがあなたの神だから。わたしはあなたを強め、あなたを助け、わたしの義の右の手で、あなたを守る。**（イザヤ四一・10）

恐れてはならない。この言葉は三六六回聖書に出てくる表現です。神様は私たちに対して、「恐れてはならない」という訓戒を、一年を通して一日に一回は語ってくださっているということです。この聖句ほど、何度も出てくる訓戒は他に存在しません。神様がこれほどまでに私たちに乗り越えてほしいと願っておられる「恐れ」という力が私たちにもたらす威力は、どれほどのものなのでしょうか。間違いなく主は、恐れの霊が持つ破壊力について多くを知っています。

ヘブル人の伝統では、真実というものは、二人または三人以上の証言によって成り立つことになっています。ならば、三六六回も聖書に書かれている言葉は、どれほど重要な証言でしょうか。「恐れてはならない」という表現が、聖書において確かな真実であることは火を見るより明らかです。内的な要因、あるいは外的な要因に関わらず、神様は御自分の民に、「恐れ」を持って生きてほしくないのです。神様の理想とする世界では、何かを恐れて暮らす必要はありません。

## 恐れの霊

**なぜなら、神が私達に下さったのは、恐れの霊ではなく、力と愛と健やかなる精神の霊だからです。**（Ⅱテモテ一・7英語聖書訳）

しかしながら、恐れを克服し、これを治める前に、恐れがどのような存在であるのかを最初に理解することが必要です。神以上に「恐れ」のことを理解している存在はありません。ですから、神様が恐れをどのように表現しているかということが、私たちの人生に巣食う恐れという要塞を破壊するための、基本的なヒントになります。神様は恐れを、ただの一時的な感情などではなく、霊の一種と定めています。もし、恐れというものが霊なのだとしたら、それは、考えることができ、意思を持ち、その霊が宿っている器とは別に行動することができるのです。聖書には「**なぜなら、神が私達に下さったのは、恐れの霊ではなく**」と書かれています。

他のすべての霊と同じように、恐れも「受け取られる」必要があるということをこの箇所は教えています。人が受け取らなければ、霊は人の中に入っていくことができないのです。ということは、もし恐れを持って生活しているとすれば、恐れの霊があなたの心のドアを叩いたときに、入ることを許してしまったということになります。聖霊様を含めすべての霊は、私たちを動かそうとします。恐れの霊も、私たちに恐怖が引き起こされるような想像を働かせ、突き動かすのです。このことを理解していれば、恐れの霊から解き放たれなければ、恐れから解放されることはないと判ります。この本の最後の章では、私たちの人生から、恐れの霊を追い出す方法を書いています。

第二テモテへの手紙二章一七節では、神が私たちに与えてくださったものが書かれています。「力、愛、そして健やかなる精神」です。この聖句は、どれだけ恐れが、霊的にも精神的にも毒になるのかということを説明しています。恐れの霊に打ち勝つためには、神の霊(力、愛、健やかな精神)がもたらす三つのワクチンが必要なのです。つまり、神様は、恐れというものに対する予防接種として、あなた方にも、そして私にも、「力 (dunamis デュナミス)、見返りを求めない神の愛、そして健やかなる精神の霊」を打ち込まなければならないのです。

良い知らせとしては、恐れはただの思考習慣などではなく、実際に存在する霊の一種なので、天の法廷において、イエス・キリストの名によって訴え、私たちの人生から追い払うことができるという事実があります。最後の章で、この恐れの霊に対して、どのように訴え、神の絶対な命令を通して縛り付けるかをお伝えします。

## 二つの霊——死、そして恐怖

**そこで、子たちはみな血と肉とを持っているので、主もまた同じように、これらのものをお持ちになりました。これは、その死によって、悪魔という、死の力を持つ者を滅ぼし、一生涯死の恐怖につながれて奴隷となっていた人々を解放してくださるためでした。**（ヘブル二章・14〜15）

聖書によると、恐れには、死という双子《ふたご》の姉妹がいるようです。聖書には、イエス様が死ぬときに、悪魔である死の力に打ち勝ったと書かれています。イエス・キリストの復活によって、私たちは死よりも強力な超自然的な力が存在していることを知ることができます。しかしながら、私にとってもっとも興味深いのはこの聖句の後半です。恐れの霊と死の霊が、お互いに持つ独特な関係性が描かれています。ヘブル書の作者は、サタンが恐れの霊を使い、地上にいる人々に生涯に渡る闇の力との結びつきを生み出したと語っているのです。別の言い方をすると、恐れという霊によって、残りすべての様々な霊が、あなたの人生に入る扉を開けるのです。また、この聖書箇所を読むと、死を恐れることで死を回避することができるわけもなく、むしろ、死ぬ可能性を高めるだけであるということがわかります。

死に対する恐怖は、死の霊を呼び寄せるのです。片方の霊だけと対面することはありません。双子《ふたご》の姉妹なのですから。どおりで聖書には「恐れるな」と書かれているわけです。コロナウィルスによるパンデミックが起こったとき、ウィルスそのものよりも、ウィルスに対する恐れがより多くの人々を死に追いやりました。COVID-19と呼ばれているウィルスに対する世界的な恐れは、何十億ドルもの経済的な打撃を引き起こしました。

聖書に出てくる恐れの中で、神様が解き放たれてほしいと願っておられるものを、これから分析していきたいと思います。

## 恐れの種類その一——死への恐れ

**アブラハムは答えた。「この地方には、神を恐れることが全くないので、人々が私の妻のゆえに、私を殺すと思ったからです。」**（創世記二〇・11）

聖書によく出てくる恐れの中で、人々が日常的に接するものとして、死の恐れがあります。誰しも程度の差はあれ、死を恐れるものです。何世紀もの期間を通して、死を回避することはできないと、様々な文明が教えてくれてはいますが、それでも、死というものは、この世界を生きている人々にとって不可解なものです。いずれにせよ、アダムとイヴがエデンの園で神に対して罪を働いたときに、死の霊の扉を開いてしまいましたから、人は死ぬことになります。

アブラハムがゲラルにたどり着いた時、彼は妻の光り輝く美しさによってゲラルの人たちに殺されることを恐れ、自分の妻との関係を正直に語ることを避けました。サラは自分の妻ではなく、妹であると伝えたのです。アブラハムが自分の妻を、このような複雑な状況へと追い込むことになった要因はなんでしょうか。死に対する恐れです。彼は神の人ではありましたが、死という恐れは彼のことを強く縛っていました。アブラハムの恐れによって、もう少しでサラは、姦淫の罪に巻き込まれるところでした。

感謝なことに、新約聖書がありますから、私たちは死を恐れる必要がありません。イエス・キリストが十字架によって、死とそして地獄に打ち勝ったからです。主を褒め称えます!

## 恐れの種類その二――欠乏の恐れ

**神は少年の声を聞かれ、神の使いは天からハガルを呼んで、言った。「ハガルよ。どうしたのか。恐れてはいけない。神があそこにいる少年の声を聞かれたからだ。」**(創世記二十一・17)

この世界の人が同じように恐れるものがもう一つあります。欠乏《けつぼう》です。この恐れによって、多くの力ある男性、女性が盗みを働きました。世界中のありとあらゆる更生施設に多くの人々が収容されています。サタンが欠乏に対する恐れを使い、人々に盗みを働くようにそそのかしたからです。右記の聖句でハガルは、食べ物と水の不足によって自分の息子が死ぬところを見たくないがために、泣き伏せっていました。神様はこのとき、彼女の霊にいのちを吹き込むことを選びました。聖書によると、神の御使いがハガルに呼びかけ言いました「**恐れてはいけない。神があそこにいる少年の声を聞かれたからだ**」。

私たちが恐れを抱く理由は様々だと思います。しかし、その理由の一つとして、神様が私たちの必要を求める祈りに、応えてくださらないのではないかという信仰の不足が挙げられます。私は断言したいと思います。私たちが仕えているのは、眠れる巨人などではなく、祈りをどのようなときにも聞いてくださり、そして必ず応えてくださる全知全能の神なのです。

## 恐れの種類その三――失敗の恐れ

**ただ、主にそむいてはならない。その地の人々を恐れてはならない。彼らは私たちのえじ**

**きとなるからだ。彼らの守りは、彼らから取り去られている。しかし主が私たちとともにおられるのだ。彼らを恐れてはならない。**（民数記一四・9）

失敗に対する恐れは、この世界に生きている人々の間に最も強く蔓延《まんえん》している恐れの一つです。失敗したい人などいません。誰ひとりとして。なぜなら、神様は私たちを勝利者としてデザインされましたから、これは当然のことなのです。私たちは、すべての状況において、圧倒し、支配するためにこの世界に生まれてきました。

それなのに、生きていると、周到《しゅうとう》に準備された計画や、大規模な企業でさえ失敗するところを見て育ちます。多くの人が失敗の影に怯《おび》えながら生きるのには、この事実だけでも十分なものです。

先程の聖句を読むと、約束された地に偵察に行った人々は、そこが真《まこと》に乳と蜜の流れる豊かな土地であることを目撃したのにも関わらず、そこにいた巨人との戦いに負けることに怯《おび》えていたのです。多くの人は、失敗することが怖くて、挑戦することからも逃げてしまいます。もしあなたがそのような人の仲間であるなら、私はイエス・キリストの名によって命じます。

「恐れてはならない！」

## 恐れの種類その四――妖怪や悪魔などに対する恐れ

**するとと、夜中の三時ごろ、イエスは湖の上を歩いて、彼らのところに行かれた。弟子たちは、イエスが湖の上を歩いておられるのを見て、「あれは幽霊だ」と言って、おびえてしまい、恐ろしさのあまり、叫び声を上げた。**（マタイ一四・25～26）

もし、皆さんも私と同じように育ったのであれば、子供時代に、お化けや妖怪《ようかい》が出てくる昔話を聞いたことがあることでしょう。多くの人は、これらの存在に恐怖を抱いたりするものですが、それと同時に、そのような存在に興味を持っているものです。ハロウィンの時期になると、見かけるようになるホラー映画や、ハロウィンパーティーで仮装をして楽しむ人がたくさんいるのがその証拠です。また事実として、多くの人々がこのような幽霊や悪魔といったものに恐れを抱いているのです。

こう考えてみると、この聖句に出てくるように、イエス・キリストが水の上を歩きながら現れたときに、弟子たちがパニックを起こしたのもわかるというものです。彼らの常識では、水の上を歩ける人など存在しなかったのです。ですから、そこで見たものは何かしらの幽霊、あるいは悪魔ではないかと考えたわけです。そのような考えが、彼らの脳を支配していましたから、恐れ惑うわけです。イエス様は、すぐに御自身であることを表明されました。

一体どれだけの者が、妖怪や悪魔などに対する恐れを起点に、恐れの霊に対する扉を開けてしまっているでしょうか。数え切れないほどいることを知っています。私は彼らにも言います。「恐れてはらない」と。

## 恐れの種類その五――想像上の恐怖

しかし、イエスはすぐに彼らに話しかけ、「しっかりしなさい。わたしだ。恐れることはない」と言われた。すると、ペテロが答えて言った。「主よ。もし、あなたでしたら、私に、水の上を歩いてここまで来い、とお命じになってください。」イエスは「来なさい」と言わ

**れた。そこで、ペテロは舟から出て、水の上を歩いてイエスのほうに行った。ところが、風を見て、こわくなり、沈みかけたので叫び出し、「主よ。助けてください」と言った。そこで、イエスはすぐに手を伸ばして、彼をつかんで言われた。「信仰の薄い人だな。なぜ疑うのか。」そして、ふたりが舟に乗り移ると、風がやんだ。**（マタイ一四・27〜32）

人が戦わなければならない恐怖の中でも、最も人から力を奪うバカバカしいものに、未知の恐怖というものがあります。これを私は、**想像上の恐れ**とも呼んでいます。この恐れがもたらす精神的な影響は、無限大というほかないでしょう。この恐れは道理や経験、あるいは今起きている出来事や事実などからきているものではないからです。ただの予測からくるものであり、妄想です。

ペテロは、イエス様が水の上を歩いているのを目撃しました。そして、それが間違いなくイエス様だと判断できたのです。その判断を更に確かなものにするためペテロは、「一緒に水の上を歩くように命令してください」と伝えます。イエス様は、前向きにうなずき「来なさい」と言いました。

彼の名誉のために言うと、ペテロは水面に足を伸ばし、歩き始めたのです。歴史上でイエス・キリスト以外に水を実際に歩くことができた初めての人です。残念ながら、その期間はあまり長くはありませんでした。すでに水の上を歩くことができていたにも関わらず、溺れてしまうのではないかという考えに囚《とら》われ始めたからです。一度《ひとたび》恐れが心を満たすと、奇跡の力はどこかにいってしまいます。イエス様は、恐れに自分の力を奪うことを許してしまったことを、叱ったのです。

聖書には多くの種類の恐れが書かれています。この本で紹介している恐れは、聖書に書かれているすべての恐れを纏《まと》めたものではありません。しかし、神様が私たちに恐れを持って生きるなと命令する理由を理解するためには、十分ではないでしょうか。恐れが、神の国で生きていくための最大の敵であることを、神様は知っておられるのです。

## 主を畏れること

**御使いは仰せられた。「あなたの手を、その子に下してはならない。その子に何もしては**

**ならない。今、わたしは、あなたが神を恐れることがよくわかった。あなたは、自分の子、自分のひとり子さえ惜しまないでわたしにささげた。」**（創世記二十二・12）

**それでモーセは民に言った。「恐れてはいけません。神が来られたのはあなたがたを試みるためなのです。また、あなたがたに神への恐れが生じて、あなたがたが罪を犯さないためです。」**（出エジプト二〇・20）

感謝すべきことに、聖書には主を畏《おそ》れ敬《うやま》うことが同時に書かれています。聖書で唯一推奨されている「おそれ」です。主を畏れることは、私たちを残りすべての恐れから解放してくれます。また、聖霊様が私たちに教えてくださる唯一の「おそれ」でもあります。私たちは、主を畏《おそ》れること以外のすべての恐れと戦わなければなりません。残りのすべての霊は、あなたを縛りつけようとするだけです。あなたの精神と霊を蝕《むしば》みます。しかし、神への畏れは私たちに活力を与えます。

## キリストの内にあるいのちの霊を受け取る

**こういうわけで、今は、キリスト・イエスにある者が罪に定められることは決してありません。なぜなら、キリスト・イエスにある、いのちの御霊の原理が、罪と死の原理から、あなたを解放したからです。**（ローマ八・1～2）

この章の初めのほうで、テモテへの手紙第二の一章七節を見てきました。そこには、神が私たちに与えたものが、恐れの霊ではないと書かれています。すべての霊（神から来るものであっても、悪魔的なものであっても）は受け取った後に初めて、経験することができるということを忘れないで欲しいのです。霊は何の理由もなく力を行使するわけではありません。まず人に、受け入れて貰う必要があり、その後で、その人の人生に影響を与えていくのです。恐れに囚《とら》われるには、恐れの霊を受け入れる必要があるように、キリスト・イエスのいのちの霊も、同じように受け入れる必要があります。そして、恐れの霊や死の霊には比較にならないほどの力を、いのちの霊は持っています。

キリストの内にあるいのちの霊で、満たしてくださるように祈ってください。そうすれば、「罪と死の律法から解放される」と聖書には書かれています。罪と死から解放されるとき、恐れはあなたに何の影響力も持たなくなるのです。

# 二章　枯れ枝にすがる

**主はこう仰せられる。「人間に信頼し、肉を自分の腕とし、心が主から離れる者はのろわれよ。そのような者は荒地のむろの木のように、しあわせが訪れても会うことはなく、荒野の溶岩地帯、住む者のない塩地に住む。」**（エレミヤ一七・5～6）

私たちの愛する者が、崖《がけ》の端《はし》で落ちないようにと枯れ枝に掴《つか》まっていたとしたら、それは考えられないほど恐ろしいことではないでしょうか。この章では、多くの信仰を持つクリスチャンが、恐れから解き放たれた人生を送ることができないのはなぜか、私自身が考えていることをお伝えしたいと思います。伝説的なクリスチャン文章家である、E・スタンリー・ジョーンズが「枯れ枝にすがる」という表現をしたように、恐れに縛られている人たちも、このような状況に陥《おちい》っているのです。枯れ枝は、この世界にある揺らぎ得《う》るすべてのものを表します。

預言者エレミヤは、枯れ枝に頼《たよ》っている人々に忠告を投げかけています。彼ははっきりと語っています。「**人間に信頼し、肉を自分の腕とし、心が主から離れる者はのろわれよ。そのような者は荒地のむろの木のように、しあわせが訪れても会うことはなく、荒野の溶岩地**

帯、住む者のない塩地に住む」とは、己の信頼を人や、その人が持つ能力や知恵にあずけている人は、「呪いにかかったまま生きているようだ」とこの預言者は語っているのです。悪魔が、そのような人々を恐れさせるためには、彼らが信頼をおき、偶像視しているそれらの要素を、ただ破壊するだけでよいのです。

あるとき、何人もの強い影響力を持つアメリカ人が自殺しました。バーナード・マドフという実業家を信頼し、自分の富をすべて失ったことを知ったからです。自分たちが信用し富を預けていた人が、実は詐欺《さぎ》を働いていたのだと知ったとき、背筋が凍りつくような恐怖に襲われたのです。恐れの霊が彼らに入り込み、死に至るまで締め付けたのです。彼らは一瞬の内に、自分たちが枯れ枝に寄りかかっていた事を、そして寄りかかっていたものが崩れ去ったことを知ったのです。

## ユダの自殺

**そのとき、イエスを売ったユダは、イエスが罪に定められたのを知って後悔し、銀貨三十**

**枚を、祭司長、長老たちに返して、「私は罪を犯した。罪のない人の血を売ったりして」と言った。しかし、彼らは、「私たちの知ったことか。自分で始末することだ」と言った。それで、彼は銀貨を神殿に投げ込んで立ち去った。そして、外に出て行って、首をつった。**（マタイ二七・3〜5）

私達が住むこの世界では、多くの人が様々なものに自分の信頼を預けています。残念なことに、これらのものはすべて裏切るようにできています。彼らの信頼は必ず裏切られ、頼りにしていたものはすべて崩れ去ります。そして崩れ去るとき、恐れは彼らの心に巻き付き、すべての希望や夢を絞め殺すのです。この聖書箇所には、ユダの物語が書かれています。非常に悲劇的な物語です。我らが生ける主ではなく、お金の力に彼は信頼をおいたのです。聖書で「富の惑《まど》わし」と呼ばれるものを信頼するという間違いを犯してしまいました。彼は、三〇枚の銀貨でイエス・キリストを裏切りました。しかし、自分の報酬を受け取ったとき、それが古くなったパンほどの価値しかないことに気づきました。落胆し、共犯者に銀貨を返そうとしました。それで、元に戻るような単純な話しであれば、どれだけ良かったことでしょう。自分が行なったことが、取り返しのつかないことであると知ったとき、酷く狼狽《うろた》え、恐れと深い無力感に襲われました。その後、首を吊るのです。聖書の中で、何と大きな悲劇を占める部分でしょう。

## 自殺と恐れの関係

**それで、彼は銀貨を神殿に投げ込んで立ち去った。そして、外に出て行って、首をつった。**

（マタイ二七・5）

この聖句によると、自殺の霊と恐れの霊には、明らかに聖書的に関係がありますし、心理的にも関係があることがわかるでしょう。自分の裏切りによって発生した状況が、取り返しのつかないものであると知ったとき、彼は恐れと無力感に支配されました。イエスのところに向かい、許しを請うことはありませんでした。絶望と恐れの霊が、希望はないと彼に信じ込ませたのです。

私は前の章で、恐れと死は双子《ふたご》の霊であると語りました。二つの霊は同時にやってくるのです。私は主に「神の視点から見た時、自殺と恐怖のもっとも強い関係はなんですか？」と尋ねました。主の答えは、新鮮で驚くべきものでした。主はこう語られました。

「フランシス、自殺とは生きていくことに対する、強烈な恐怖のことです。サタンに、これ以上生きていくことは、今死ぬことよりも遥《はる》かに大変だと、信じ込まされた者が自殺を選ぶのです。」

私は、唖然《あぜん》としました。闇の勢力に属するあらゆる霊と同じように、自殺の霊も、恐れの霊が最初に仕掛けることを待っているのです。いつも必ず、恐れが最初の仕事をする霊であり、扉を開ける役割を持つのです。主が天から、「恐れてはならない」と語り続けているのも当然のことでしょう。

この本を読んでいて、死ぬことを考えているすべての人に私は伝えたい。ほとんどの自殺では、実際の行動がある前に、考えがやってきます。断言します。主はあなたに生きて欲しいと願っておられます。あなたが「何をしでかしてしまったか」は関係がありません。あなたの赦しのために、すでにイエス・キリストは代価を支払っています。死ぬ方が、生きることよりも楽だという悪魔のささやきに耳を傾けないでください。例えばコロナウィルスですべてを失っても、あるいは愛する人を亡くしたとしても、主は、今見えているものとは違った世界があなたの人生に存在しているのだと知ってほしいのです。命を守ってください。死ぬのではなく、生きることを選び、主の栄光を宣言する者へと変えられてください。

## すべてのものは揺らぐ

**あのときは、その声が地を揺り動かしましたが、このたびは約束をもって、こう言われます。「わたしは、もう一度、地だけではなく、天も揺り動かす。」この「もう一度」ということばは、決して揺り動かされることのないものが残るために、すべての造られた、揺り動かされるものが取り除かれることを示しています。こういうわけで、私たちは揺り動かされない御国を受けているのですから、感謝しようではありませんか。こうして私たちは、慎みと恐れとをもって、神に喜ばれるように奉仕をすることができるのです。私たちの神は焼き尽くす火です。**（ヘブル十二・26〜29）

終わりの日に、恐怖を煽《あお》るものがもう一つあります。それは、預言が成就されるという事実です。ヘブル書の編纂《へんさん》者によると、「揺らぎ得《う》るすべてのものが揺らぐ」と書かれています。キリストの再臨の前には、地にあるものも、天にあるものも、揺らぎ得《う》るのであれば、必ず揺らぐ。なぜでしょうか。神は、御自分の民に、人によって造られたもの、あるいは、悪魔の影響下にあるものに寄りかかった状態でいてほしくないからです。すべての民に、すべての人に、メシアであるイエス・キリストの完成された働きに信頼をおいて欲しいと願っておられるのです。キリストの働きの外にあるものは、全て揺らぐとここに書かれています。

この揺らぐものには、力のある立場、職業、ビジネス、肩書、あるいは人間関係も含むでしょう。まがい物の希望を与えているすべての枯れ枝を、私達の人生から取り除きたいと神は願っておられます。主はすべてを揺るがすことで、枯れ枝は速やかに私達を失望させることでしょう。そして、人々が寄りかかっていたすべての崩《くず》れ得《う》る、砂の上の建物に対する信頼は失われることになります。準備のできていない人々にとっては、神がもたらす揺さぶりは、猛烈《もうれつ》な恐怖の源《みなもと》になるでしょう。恐れです。私達が寄りかかっていたすべてのものが揺れるからです。しかしながら、我々のようにキリストにのみ寄り頼んでいる者は、この揺さぶりの中でも、動かされることはないのです。読者の皆さんが、枯れ枝に寄りかかることのないよう、主によって霊的な割礼がこの本を通して行なわれることを、私は祈り願います。

# 三章　悪魔は法廷で
# あなたの恐れを利用する

**私の最も恐れたものが、私を襲い、私のおびえたものが、私の身にふりかかったからだ。私には安らぎもなく、休みもなく、いこいもなく、心はかき乱されている。**（ヨブ三・25〜26）

天国は法によって厳密に治められている場所です。そして、多くの力強い裁判所が存在しています。なぜならば、天の御国は、アメリカと同じで主権国家だからです。主権を持つ国家の中でも、最も偉大なものとして、御国には法務省が存在している必要があります。モーセは十戒を地上にもたらすために、そして、そもそもの法律学を地上に持ち込むために、天にあるこの領域と関わりを持つことになりました。地上にある法的な国家はすべて、十戒、あるいはそれに類する律法で治められていることを皆さんは知っているでしょうか。「モーセが律法をもたらした者」と呼ばれているのも、納得のことかもしれません。

## 天の法廷

天の法廷がどのような仕組みで働いているのか啓示を受け取るまで、次の聖書箇所は私にとって非常に理解し難いものでした。聖書では、「ルシファー(サタン)と連なる御使いたちが、天より追い出された」と明確に書かれています。稲妻《いなずま》のように地上に落とされたのです。イエス・キリストがこのことを新約聖書で語っています。だとするならば、サタンは天国で一体何をしていたのでしょうか。主の前に立つことができているのはなぜでしょうか。私はここに隠されている複雑な真理を解きほぐすことなく過ごしていました。ただ、信仰によって信じようとしました。私の中にいる神学者は、もちろん納得はしていませんでしたが。

**ある日、神の子らが主の前に来て立ったとき、サタンも来てその中にいた。主はサタンに仰せられた。「おまえはどこから来たのか。」サタンは主に答えて言った。「地を行き巡り、そこを歩き回って来ました。」主はサタンに仰せられた。「おまえはわたしのしもべヨブに心を留めたか。彼のように潔白で正しく、神を恐れ、悪から遠ざかっている者はひとりも地上にはいないのだが。」サタンは主に答えて言った。「ヨブはいたずらに神を恐れましょうか。あなたは彼と、その家とそのすべての持ち物との回りに、垣を巡らしたではありませんか。**

**あなたが彼の手のわざを祝福されたので、彼の家畜は地にふえ広がっています。しかし、あなたの手を伸べ、彼のすべての持ち物を打ってください。彼はきっと、あなたに向かってのろうに違いありません。」主はサタンに仰せられた。「では、彼のすべての持ち物をおまえの手に任せよう。ただ彼の身に手を伸ばしてはならない。」そこで、サタンは主の前から出て行った。**（ヨブ一・6〜12）

何年もの熱心な聖書研究と、愛すべき友人、ロバート・ヘンダーソン氏に出会うことによって、啓示が強い光となって私の魂を満たしました。私にとって迷宮入りだったこの聖書箇所が解き明かされたのです。完全に理解することができました。サタンは、聖書に書いてあるように、天から追放されたのです。しかし、神様は非常に実用的な方でもあります。地上での罪の支配が終わるまでは、人類が己の行ない、あるいは神の言葉にどう振る舞うかに応じて、正しく裁かれる必要があることを知っていました。神の言葉に背《そむ》きがあるようなとき、言わば霊的な罪が犯されたとき、これらの罪を取り扱う天の法務機関が必要だったのです。また、そういう状況下で、少しでも誇りのある裁判官であれば、法廷の席に、弁護側と検察側の両方が席についた状態でなければ、裁判を始めることはしないでしょう。

　天の法廷でこの検察側の役割を担《にな》うのが、兄弟の間の告発者と呼ばれるサタンなのです。ギリシャ語で「告発する者」という単語は、そのまま「訴訟《そしょう》をもたらす者」という意味を持ちます。そして私たちは、訴訟があったとき判決を下すにふさわしい場所は、法廷しかないということを知っています。教会の中で、裁判の判決を下すようなことはありません。法廷が必要なのです。

　ヨブ記に出てくるこの一節で、神がサタンに、天にいる理由を聞いていないということに私は気づいたのです。天から追放されたため、御国に存在する権限がないのであれば、この質問を最初にしなければならない筈です。しかし、ここで主はそのような質問をしていません。かわりに、地上のどこから来たのかを聞き出すのです。またこの一節では、サタンが訴え（人が犯した霊的な罪）出るために、神の前に来ていることもわかります。サタンが天国にいた理由は、「告発」するためです。そして、人の子らに対する訴訟《そしょう》に必要な証拠集めをするために、地上を歩き回っていたのです。

## 御手の守り

このような法律が関わる状況下で、ヨブの物語は展開していきます。サタンが法廷に持ち込もうとしている訴えを聞く前に、主は、御自身のしもべであるヨブについて語り始めます。

**主はサタンに仰せられた。「おまえはわたしのしもべヨブに心を留めたか。彼のように潔白で正しく、神を恐れ、悪から遠ざかっている者はひとりも地上にはいないのだが。」サタンは主に答えて言った。「ヨブはいたずらに神を恐れましょうか。あなたは彼と、その家とそのすべての持ち物との回りに、垣を巡らしたではありませんか。あなたが彼の手のわざを祝福されたので、彼の家畜は地にふえ広がっています。しかし、あなたの手を伸べ、彼のすべての持ち物を打ってください。彼はきっと、あなたに向かってのろうに違いありません。」主はサタンに仰せられた。「では、彼のすべての持ち物をおまえの手に任せよう。ただ彼の身に手を伸ばしてはならない。」そこで、サタンは主の前から出て行った。**（ヨブ一・8～12）

法に関連する話題として、主はサタンに尋ねます。

「ヨブのことはすでに調べたか。彼のような者は地上にはいないだろう」

それに対してサタンの答えは、「**ヨブはいたずらに神を恐れましょうか。あなたは彼と、その家とそのすべての持ち物との回りに、垣を巡らしたではありませんか**」というものでした。

面白いことに、**垣根**という言葉はヘブル語の「禁止、抑制」という意味の「skuwk」から来ます。法的に見ると、サタンは「あなたは、彼と、その家とそのすべての持ち物との周りに、接近禁止令を敷いているではないですか」という文句を投げかけていたのです。したがって、ヨブを保護していた御手の守りは、法的な性質を持っていたのです。法を専門とする人であれば誰でも、接近禁止令が法廷から打ち出される保護命令であることを知っています。

## サタンが開けた扉を見つける

ウツの地にヨブという名の人がいた。この人は潔白で正しく、神を恐れ、悪から遠ざかっていた。彼には七人の息子と三人の娘が生まれた。彼は羊七千頭、らくだ三千頭、牛五百くびき、雌ろば五百頭、それに非常に多くのしもべを持っていた。それでこの人は東の人々の中で一番の富豪であった。彼の息子たちは互いに行き来し、それぞれ自分の日に、その家で祝宴を開き、人をやって彼らの三人の姉妹も招き、彼らといっしょに飲み食いするのを常としていた。こうして祝宴の日が一巡すると、ヨブは彼らを呼び寄せ、聖別することにしていた。彼は翌朝早く、彼らひとりひとりのために、それぞれの全焼のいけにえをささげた。ヨブは、「私の息子たちが、あるいは罪を犯し、心の中で神をのろったかもしれない」と思ったからである。ヨブはいつもこのようにしていた。（ヨブ一・1〜5）

そもそも神様はなぜ、ヨブの名前を自分から持ち出したのでしょう。サタンが、ヨブを裁判にかけるために、法廷を訪れていたわけではないことが明らかだからです。ならば、なぜ神様は、わざわざヨブの名を持ち出したのでしょうか。私はこのことについて長い間考えていましたが、あるとき、「神様が贖《あがな》いの御業を行なおうとしていた」ということを理解したのです。ヨブ記の最初の数節を見ると、神様が莫大な祝福を与えたことが明らかです。ヨブは正しい人で、神を畏《おそ》れ、一切の悪を働かないようにと注意していました。主は、大変彼に満足していました。しかしながら、同じ文章から、彼が恐れに悩まされていたことも明らかです。私は、主がヨブの物語を通して、神を愛し、畏れ、そして悪を遠ざけている人ですら、「悪魔が忍び寄ることのできる法的な穴が存在し得る」と伝えたかったのだと思います。ヨブは正《まさ》に、この状態にいました。次の御言葉を見てみましょう。

**私の最も恐れたものが、私を襲い、私のおびえたものが、私の身にふりかかったからだ。**
**私には安らぎもなく、休みもなく、いこいもなく、心はかき乱されている。**（ヨブ三・25～26）

この聖句によると、ヨブは、神を愛し畏《おそ》れていたのにも関わらず、もう一つ、その神に対する畏れに拮抗《きっこう》する恐れを持っていたのです。ヨブはこの恐れのことを「私が最も恐れたものが」と語っています。この恐れがなんであれ、どうやら、主に対する畏れと同じくらいか、それを上回るものであったようです。定義から言うと、主と天秤《てんびん》にかけたときに、等価になり得るようなものはすべて、偶像なのです。そして、偶像は、サタンが付け入る隙《すき》を生み出し、それによってサタンは、天の法廷で私たちを責めることができるのです。ヨブが大変に恐れていたものは、主が破壊したいと願う偶像となっていました。

サタンもまた、彼に強い恐れが存在していることを知っていました。しかし、主の「垣根」、即ち、神からの接近禁止令があったために、サタンはこの隙《すき》を攻撃することができなかったのでした。だからこそ、この話の中で、真っ先にこの垣根が取り去られるようにと抗議したのです。そして、神様が、その守りを取り去った瞬間、間髪をいれず可能な限りのすべての攻撃を行ないます。命を奪うための躊躇《ちゅうちょ》は存在しませんでした。

## 私が最も恐れたもの

> ウツの地にヨブという名の人がいた。この人は潔白で正しく、神を恐れ、悪から遠ざかっていた。彼には七人の息子と三人の娘が生まれた。彼は羊七千頭、らくだ三千頭、牛五百くびき、雌ろば五百頭、それに非常に多くのしもべを持っていた。それでこの人は東の人々の中で一番の富豪であった。彼の息子たちは互いに行き来し、それぞれ自分の日に、その家で祝宴を開き、人をやって彼らの三人の姉妹も招き、彼らといっしょに飲み食いするのを常としていた。こうして祝宴の日が一巡すると、ヨブは彼らを呼び寄せ、聖別することにしていた。彼は翌朝早く、彼らひとりひとりのために、それぞれの全焼のいけにえをささげた。ヨブは、「私の息子たちが、あるいは罪を犯し、心の中で神をのろったかもしれない」と思ったからである。ヨブはいつもこのようにしていた。（ヨブ一・1～5）

ところで、ヨブは何をそんなにも恐れていたのでしょう。聖句を読むと、ヨブは「自分の子どもたちが神に対して罪を犯し、死んでしまうことを恐れていた」ということがわかります。いつか宿命の日が来て、子どもたちが心の中で神を呪い、その報いを受けるのではないかという恐ろしい考えの中で彼は生きていました。

彼は、罪の報いが死であること（ローマ六・23参照）を知っていました。そして、彼は自分の子どもたちが罪によって死ぬかもしれないという事実によって、眠れない夜もあったのです。ヨブは己自身の言葉で、「休まることがない」と語っています。言い換えると、神の臨在の中でどれだけ過ごそうとも、この恐れから解放されることはなかったのです。

子どもたちが神の恩寵の範囲から墜落することを防ぐためには、自分がどうにかするしかないと感じていたのです。**言うまでもなく、私たちを墜落から救い出してくださるのは主ご自身だけです。**主の働きを自分で行なおうとするほどまでに、彼の恐れは強かったのです。例えるなら、ヨブは自分を聖霊様に見立て、善悪を定め、裁きを行なおうとしたのです。その結果、自分の子どもを救う代わりに、彼が最も恐れていた状況を生み出すことになりました。**子どもたちの突然の死**です。

ということはヨブの人生においても、恐れは命をもたらすことはなく、確実な死をもたらしました。この物語に隠されている最も重要な教訓は、子どもを偶像視することで、平安がもたらされることはなく、恐れと休まらない魂が生まれるだけだということです。

**この者がまだ話している間に、また他のひとりが来て言った。「あなたのご子息や娘さんたちは一番上のお兄さんの家で、食事をしたりぶどう酒を飲んだりしておられました。そこへ荒野のほうから大風が吹いて来て、家の四隅を打ち、それがお若い方々の上に倒れたので、みなさまは死なれました。私ひとりだけがのがれて、あなたにお知らせするのです。」**（ヨブ一・18〜19）

死の霊の前に、恐れの霊がまずやってくるということをしっかりと覚えてください。ヨブの物語でも同じことが起きています。職を失うことを恐れていれば、実際に失う可能性が高くなります。死を恐れてみても、結局の所は死ぬことになります。経済的な破綻を恐れている人は、その状況に直面する可能性が高くなります。あるいは、ウィルスや病に冒されることを恐れている人は、恐れている状況そのものに出会うことになります。サタンは、天の法廷でヨブの恐れを利用しました。ですから、神様は私たちに、恐れを持って生きていほしくないのです。ヨブは、主を愛していたにもかかわらず、彼の持つ恐れによって、自分の神である主の中で安らぐことができなくなっていたのがわかります。もしかしたら、あなたも同じような状況にあるかもしれません。そうだとしたら、何をすればよいでしょうか。恐れがあなたの人生を破壊する前に、天の法廷に持ち込み、そこで正しく恐れの霊を縛り上げるのです。ですから、恐れてはなりません。

# 四章　完全な愛は恐れを締め出す

## 愛のない者に、神はわかりません。なぜなら神は愛だからです。（Ⅰヨハネ四・8）

聖書は、終わりのない壮大なラブストーリーのようです。ソドムとゴモラのように、神の裁きが行なわれたときでさえ、その中身を紐解《ひもと》いてみると、すべて私たちにとって一番良い結果を望んでのことであったことがわかります。愛そのものである神は、憎しみによって動くことはありません。神がどのような方であるかを知るためには、雅歌を読むと良いでしょう。あるいは、イエス・キリストが十字架で傷つけられた姿を見るのです。そうすれば、神が憎しみではなく、愛を動機としておられる方だということがわかります。

ヨハネの手紙の著者が「**愛のない者に、神はわかりません。なぜなら神は愛だからです。**」と美しく断言しているのは不思議なことではありません。ミニストリーや奉仕をする者が、愛を動機としていなければ、神を知っていることにはなりません。神は愛だからです。不純物の混ざっていない、シミもシワもまったくない愛です。御自身の愛する息子をメシア・キリストとして、私たちのために、死ぬ役割を課して地上に送って下さった神の愛とはこのようなものです。そして、この情深く愛のある創造者によって造られ、管理された世界で、私たちはなぜ恐れを持って生きていく必要があるのでしょう。

果たして、私はある聖句にたどり着きました。私が最も気に入っている聖句です。恐れのない人生を生きるための、重要な奥義がここに詰まっています。この聖句がなければ、多くの希望が失われてしまうでしょう。

## 恐れを締め出す

このことによって、愛が私たちにおいても完全なものとなりました。それは私たちが、さばきの日にも大胆さを持つことができるためです。なぜなら、私たちもこの世にあってキリストと同じような者であるからです。愛には恐れがありません。全き愛は恐れを締め出します。なぜなら恐れには刑罰が伴っているからです。恐れる者の愛は、全きものとなっていないのです。私たちは愛しています。神がまず私たちを愛してくださったからです。（Iヨハネ四・17〜19）

使徒ヨハネは、私たちが神の愛によって、完全に成熟したかどうかを確認するためのリトマス紙を与えてくれています。神の愛に対する理解が完全になったとき、裁きの日に対する恐れが完全になくなると彼は言います。神の愛の中で成熟することの表現として、この聖句は素晴らしく美しいものです。人々が恐れを持って生きることの最大の理由は、死んだ後にどうなるかを知らないからだと思うのです。神から永遠に離れて、地獄で過ごすこと以上に恐ろしいことはないのかもしれません。この事実だけで、ほとんどの人にとって怯《おび》えるのに十分です。**しかしながら、イエス・キリストは多大な犠牲を払い、自分の命を捨て、私たちが永遠に、神の臨在と愛から離れて地獄で暮らすという状況から、救い出してくださいました。**

主イエス・キリストを、自分の主として、そして救い主として受け入れたのであれば、恐れをもって生きる理由はなくなります。あなたの中には、死後の恐れは全く存在しないのです。メシアであるイエスは、私たちが永遠の命を持つことができるように、罪と死と地獄、そして悪魔に勝利されたのです。イエス・キリストをあなた自身の主として、救い主として受け入れたその瞬間から、あなたのこの地上での人生が始まるのです。

**私が神の御子の名を信じているあなたがたに対してこれらのことを書いたのは、あなたがたが永遠のいのちを持っていることを、あなたがたによくわからせるためです。**（Ｉヨハネ五・13）

言い換えれば、悪魔が持つ死の恐れという力を、永遠の命が打ち砕くのです。

次の聖句は、恐れをもって生きることに対する完全な勝利を表しています。使徒ヨハネがはっきりと言っています。「**愛には恐れがありません。全き愛は恐れを締め出します。なぜなら恐れには刑罰が伴っているからです。**」（Ｉヨハネ四・18）

ヨハネは、神の愛には、一切の恐れがないと語っています。我々が、真に神の愛に触れるとき、私たちの心に存在するすべての恐れは取り除かれます。重要なところでヨハネは、「神の完全な愛が恐れを締め出す」と明言しています。彼が締め出すという言葉を使っていることは、非常に面白いところです。この「締め出す」という単語は、聖書で悪魔を追い払うときに使われるものです。恐れという感情、そして恐れを持った人格、その両方を備える悪霊の存在を締め出すということなのです。締め出すという表現は、イエス様が御自身のミニストリーの中で、実際に悪霊に苛《さいな》まれている人々から霊を追い出すときに、度々使われた表現でもあります。**「信じる人々には次のようなしるしが伴います。すなわち、わたしの名によって悪霊を締め出し、新しいことばを語り…」**（マルコ一六・17英語聖書訳）

このことを知った上で、使徒ヨハネが語った言葉をもう一度見てましょう。彼は**「完全な愛は恐れを締め出す」**と言っています。彼は、明確な意図を持ってこの締め出すという表現を使っています。神の完全な愛というものが、神の子らの間にある恐れの霊を締め出すという目的を持っているのだということを、彼は明確に伝えたいのです。暗闇の王国にはびこる恐怖というシステムの大本の責任者となっているのがこの恐れの霊という存在であり、神の愛は、この霊を特別に追い出そうとしているのです。神の完全な愛はあまりにも力強く圧倒的なので、恐れという悪霊そのものが対等に戦うことができないのです。

ハレルヤ！

## 恐れには刑罰が伴っている

**「愛には恐れがありません。全き愛は恐れを締め出します。なぜなら恐れには刑罰が伴っているからです。恐れる者の愛は、全きものとなっていないのです。」**（Ⅰヨハネ四・18）

私たちが恐れの中で生きていくことを神が望まない理由を、使徒ヨハネは更に深く教えています。彼は言います「恐れには刑罰が伴っている」。そういうことです！　恐れの後ろには必ず悪霊がいて、恐れに囚《とら》われている人をその恐れによって苦しめようとするのです。神が人を苦しめることはありません。反対に、悪魔はいつでも私たちに苦痛を与えたいと願っています。人が苦痛の中でもがくのを見るのが楽しくて仕方がないのです。主は私たちの創造者ですから、私たちが苦しむことを願いません。主は私たちを、平安と一致の中で美しく愛し合い、歩んでいくために創りました。神の偉大な臨在の中で共に光輝くようにデザインしたのです。そして、もう一度このことが実現するように、イエス・キリストは十字架につきました。感謝します。そして、もう一度私は言います。

「恐れてはならない！」

## 霊を見極める

愛する者たち。霊だからといって、みな信じてはいけません。それらの霊が神からのものかどうかを、ためしなさい。なぜなら、にせ預言者がたくさん世に出て来たからです。人となって来たイエス・キリストを告白する霊はみな、神からのものです。それによって神からの霊を知りなさい。イエスを告白しない霊はどれ一つとして神から出たものではありません。それは反キリストの霊です。あなたがたはそれが来ることを聞いていたのですが、今それが世に来ているのです。（Ⅰヨハネ四・1〜3）

ヨハネによれば、霊を闇雲《やみくも》に信じるのではなく、それが神から来たものであるか、地獄の底から湧《わ》き出てきたものなのか、見極《みきわ》めなさいと言っていますし、続きの文章を読めば、なぜそうしなさいと語っているのかもわかります。日々の生活で、私たちの霊や精神に近づいてくる霊、それらを識別しなさいとヨハネは語っています。

なぜこのような警告が行なわれたのでしょうか。反キリストの霊がすでに世に解き放たれていると彼は知っていたからです。この反キリストの霊は、天の栄光と、主イエス・キリストが十字架で贖《あがな》ったものを、あなたに経験してほしくないのです。この悪意に満ちた霊は、神のアガペの愛、そしてキリストの歩み方から私たちが離れることを願っています。クリスチャンの中にも、絶え間ない恐れに囚《とら》われて生きている人がいます。私は彼らが、近づいてくる霊を正しく見極めていないために、そのような状態に陥《おちい》っているのではないかと考えるのです。これらの霊を見極め、恐れを持って生きることに対して、イエス・キリストの御名によって「否」と宣言していきましょう。ハレルヤ！

# 五章　天の法廷で恐れの霊を裁く

## 恐れの霊から解放されるための祈り

**神が私たちに与えてくださったものは、おくびょうの霊ではなく、力と愛と慎みとの霊です。**（Ⅱテモテ一・7）

私たちの父であり、完全な裁き主であられる主よ、この本で天の法廷について言及する機会を与えてくださったことを感謝します。使命に関わる事柄において、私はあなたの正しい導きを何度も受けることができたことを感謝します。そしてこの導きは私と、そして神の御国にとって強い影響があると信じます。

天の父よ、私は天にある聖なる法廷に今立っています。この場所に立つことができているのは、イェシュア（イエス）の完成された十字架の働きとその血潮によるものです。父よ、私は遜《へりくだ》って、ダニエル書七章一〇節の通りに、裁く方が座に着かれるのを求めます。私はこのことをイエスの御名を持って祈ります。天の父よ、この裁判において、御使いが証人として召喚されることを求めます。また、私がこれから求める「接近禁止令」を、恐れの霊が、御使いによる通知により受け取り、その通りに制限を受けることを、イエスの御名によって宣言し、命じます。また、私を苦しめているこの恐れの霊が、締め出され、あなたの正しい裁きによって封じられることを、イェシュアの御名によって、宣言し、命じます。

天の父よ、「神が私たちに与えてくださったものは、おくびょうの霊ではなく、力と愛と慎みとの霊です。」と書かれています。私は、恐れの霊に屈し、自分の人生の主導権を明け渡してしまったことを悔い改めます。主よ、ヨブのように、最も恐れるものを、主への畏《おそ》れと対等の位置においてしまったことを悔い改めます。父よ、自分の恐れを偶像化してしまったことをお許しください。ヨハネの手紙第一の一章九節に、「もし、私たちが自分の罪を言い表すなら、神は真実で正しい方ですから、その罪を赦し、すべての悪から私たちをきよめてくださいます。」と書かれています。私の罪と恐れをイエス・キリストの御名によって、完全に洗い流してください。すべての不義から私を聖めてくださることを感謝します。

天の父よ、あなたの聖なる法廷に立ちながらも、私は自分を、ローマ書十二章一節に書かれているように、受け入れられる聖い生きた供え物として捧げます。主よ、私の中に、あなたにとって正しくない部分、聖くない部分があれば、悔い改めることができるように、明らかにしてください。イエシュアの血潮が天において、地において、そしてよみの世界において、私のために証言してくださいますように、聖霊様に祈ります。我が主であるイエス様、すべての私の罪と、不従順をお許しください。あなたの尊い血潮によって私を聖めてください。そうすれば、私が必要としているあなたの御手の守りによって、サタンが私に手を出すことができなくなるからです。

天の父よ、この場所、神の最高裁判所において、次の御言葉を、私の人生に巣食っていた恐れと死の霊に対し、覆《くつがえ》すことのできない証拠として提出します。御言葉には次のように書かれています。

**神が私たちに与えてくださったものは、おくびょうの霊ではなく、力と愛と慎みとの霊です。**（Ⅱテモテ一・7）

**あなたは夜の恐怖も恐れず、昼に飛び来る矢も恐れない。また、暗やみに歩き回る疫病も、真昼に荒らす滅びをも。千人が、あなたのかたわらに、万人が、あなたの右手に倒れても、**

**それはあなたには、近づかない。あなたはただ、それを目にし、悪者への報いを見るだけである。それはあなたが私の避け所である主を、いと高き方を、あなたの住まいとしたからである。わざわいは、あなたにふりかからず、えやみも、あなたの天幕に近づかない。**

（詩篇九一・5～10）

**悪者は追う者もないのに逃げる。しかし、正しい人は若獅子のように頼もしい。**

（箴言二八・1）

天の父よ、前述の聖句によると、天の法廷から神による接近禁止令が出されなければ、恐れの霊と暗闇の勢力が、私の人生と使命に、そして、それにつながる神の計画にも大きな被害をもたらすことが明らかです。あなたは正しい裁き主で、間違ったことをなさらない方です。あなたの一人息子、主イエス・キリストの御名のゆえに、私を恐れという縛りから救い出してください。

天の父よ、今イェシュアの御名によって祈ります。主よ、私のために、聖なる御手の守りを、すべての恐れの霊とその姉妹霊に対して命じられますように。天のお父様、私はこのことを、信仰を持って信じると、イエスの名によって宣言します。信仰がなければ、神に喜ばれることはないと書かれている通りです。

詩篇には書かれています。「**主をほめたたえよ。御使いたちよ。みことばの声に聞き従い、みことばを行う力ある勇士たちよ。**」（詩篇一〇三・20）と。ですから私は、高位の御使いによって、天の法廷により打ち出されたこの命令が、正しく恐れの霊のところに届けられるようにと祈ります。また、恐れの霊が、天の命令を軽視し、侮ることがないよう御使いによって見張られることを求めます。

イェシュアの御名によって祈ります。アーメン！

※この祈りは、Destiny Image 出版、Dr. フランシス・マイルズの Issuing Divine Restraining Orders from the Courts of Heaven により抜粋、改定を加えたもので、francismyles.com. による承諾を得て使用されている。

# 新刊案内

**天の法廷**
**ロバート・ヘンダーソン**
**定価 1750 円＋税**

神の御心に適うように祈っているのに、祈りが聞き届けられないことがあるのは何故でしょうか。切に心から祈るのにも関わらず、何故、神からの応答を頂くことができないのでしょうか。私は祈りが届くその場所に答えがあると信じています。天の法廷でこそ、打ち破りを経験することができます、この本は、天の法廷がどのような法則で働いているのか、そして、その場所におけるあなたの立場がどのようなものであるかを学ぶことができます。天の法廷に向かうとき、神の御心に適う答えを手にすることができるのです。

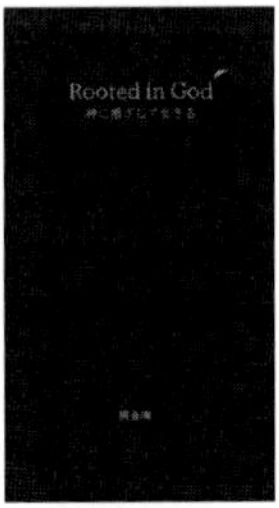


**周金海**
**新書**
**定価 926 円＋税**

内面的なデボーションとは「霊の深い領域で神と出会い、深く変わって行くことである」と著者は定義する。私たちに大切なのは、「初めの愛」で神を愛することであると力説する。

**ピーター・ツカヒラ**
**四六判**
**定価 1,900 ＋税**

イスラエルに対する神の計画と、いまの時代のキリスト者の役割を明確に語る必読書。日本に対する神の特別な計画も明らかにしている。

## 近刊案内

本書は災害への対処本ではありません。周りの環境が変わり、不安や恐れに押しつぶされそうになっても、全知全能の父なる神に焦点を合わせることにより、全き愛が私たちの心を満たしてくださるということを再確認させてくれる本です。災いは存在します。しかし、私たちはその災いに心を動かされることなく、対応することを選択する必要があるのです。

本書には、災いに関することがほとんど書かれていません。その代わり、私たちの心をどのように変え、どこに向け、どのように安定させるのかが詳しく書かれています。

**2020年6月10日刊行予定**

**ご予約・お求めはインターネット、FAX、お電話にて**

著者プロフィール

Dr. フランシス・マイルズは、アリゾナ州のテンピにあるラブフェスト（Lovefest）教会の主任牧師として神に仕えている。また、多くの賜物を注がれ、祝福されている彼は、国際的なメッセンジャーとしても活躍し、同時にビジネスコンサルタントでもある。

ミニストリー、経済界双方で活躍する講師で、経済界、政界にいる人達を霊的に導くメンターとしても活躍している。シッド・ロス（Sid Roth）の「It' s Supernatural!（これぞ超自然だ）」にもメインゲストとして登場している。

アリゾナ州のフェニックス市、メトロプレックスで、最愛の妻カルメア・レアル・マイルズと共に喜びに満ちた暮らしをしている。

Fear Not　恐れるな

荒れ狂う時代を力強く生きていくために

2020年5月23日　初版発行

著者　フランシス・マイルズ

翻訳　マルコーシュ翻訳委員会

定価　728円＋税

発行所　(株)マルコーシュ・パブリケーション
千葉県茂原市東郷1373
電話 0475-36-5252

印刷所　プレイズ出版

装丁　textum